fauna en peligro

EL OSO PARDO

Elisenda Queralt

Albert Martínez

Joaquim Soler

Combel
EDITORIAL

EL SEÑOR DEL BOSQUE

Hace más de 15.000 años, cuando el ser humano todavía vivía en cuevas, el oso pardo ya se paseaba por los bosques del planeta.

El oso es uno de los mamíferos terrestres más grandes de Europa. Es un animal muy fuerte e inteligente. A pesar de su tamaño, corre y se encarama a los árboles sin dificultad, sobre todo si sabe que allí encontrará su comida preferida: ¡la miel!

En la naturaleza puede vivir hasta los treinta años. Es un animal solitario y asustadizo. Como tiene miedo del hombre, se siente más tranquilo y seguro si sale a pasear de noche.

¡Soy un lince!

El oso pardo y la tortuga de tierra tienen algo en común. ¿Sabrías decir qué es?

a) Ambos pueden llegar a vivir más de 100 años.
b) A los dos les gusta la miel.
c) Ambos pasan el invierno durmiendo.

¡UN PESO PESADO!

El oso pardo puede llegar a los dos metros de largo y tiene todo el cuerpo recubierto de un espeso pelaje de tonos marrones y oscuros, que le sirve para protegerse del frío.

Camina a cuatro patas, aunque cuando quiere también puede hacerlo con sólo las dos patas traseras.

Esta especie de oso tiene la cabeza grande y redonda, el morro alargado y las orejas pequeñas y redondeadas. Es un animal con un oído y un olfato excelentes. La vista, en cambio, no la tiene demasiado desarrollada.

En la punta de los dedos tiene unas largas garras, con las que rasca los árboles y desmenuza a sus presas.

¡Parece mentira!

El oso pardo tiene cola, pero es tan pequeña que apenas se ve. ¡No llega a los 10 cm de largo!

Mídete un dedo de la mano y sabrás si es tan largo como la cola de un oso pardo.

¿OSO U OSA?

No es nada fácil distinguir entre un macho y una hembra. Si los tuviéramos a ambos delante, tendríamos que ser muy buenos observadores.

Si los observáramos a ambos juntos con atención, veríamos que la hembra es más menuda que el macho, ya que pesa unos 40 kg menos. Las osas son también más esbeltas, y tienen el morro un poco más puntiagudo.

El oso pardo es un **mamífero**, lo que significa que nace del vientre de la madre y que de pequeño se alimenta de su leche.

¡Observa!

¿Quién es el macho y quién la hembra?

a   180 Kg

b   140 Kg

¡QUÉ HAMBRE!

Estamos a finales de marzo. El oso despierta del largo sueño del invierno y se asoma al exterior. Todavía hay nieve, pero él tiene hambre. Claro, se ha pasado todo el invierno durmiendo y sin comer nada...

También ha perdido mucho peso. Tiene que buscar comida enseguida. Gracias a su olfato, el oso olisquea por todas partes para encontrar restos de animales muertos, hormigas o alguna planta tierna.

¡Parece mentira!

Para conseguir zamparse todo un hormiguero, ¡un oso puede levantar piedras de hasta 80 kg!
¡Hay que ver, lo que es capaz de hacer para matar el hambre!

UNA DIETA VARIADA

El oso pardo come casi de todo, pero su dieta es principalmente vegetariana. En el transcurso del año cambia de alimentación según los alimentos que puede encontrar en el bosque.

En verano, el bosque se reseca y es difícil encontrar plantas tiernas. Entonces, el oso hambriento caza ratones, pájaros, alguna serpiente e, incluso, ovejas o terneros. Pronto llegará el otoño y, por fin, el oso podrá hartarse de sus comidas favoritas: bellotas de roble, avellanas, castañas, madroños y todo tipo de frutos del bosque. Si tiene ocasión, también se comerá alguna seta.

¡Soy un lince!

¿Cuántos kilogramos de peso pierde un oso pardo después de la hibernación?

a) 5 kg.   b) 25 kg.   c) 50 kg.

Ha llegado la primavera y el oso macho siente que algo lo inquieta: el deseo de buscar una hembra para aparearse. Este comportamiento se denomina **celo**. Sin embargo, antes marca el territorio para avisar a los demás machos de que esa parte del bosque tiene amo y señor.

En muchos árboles pueden verse señales de arañazos y mordiscos, cortezas rotas y restos de su pelo.

Observa

¿Cuál de estos osos machos está marcando su territorio?

a

b

c

CORTEJO EN EL BOSQUE

Durante los meses de junio y julio el bosque se llena de rugidos, carreras, abrazos y mordiscos tiernos: ¡los osos están coqueteando!

Cuando dos machos quieren a la misma hembra, se pelean para conquistarla, ya que es la osa la que escoge a su pareja.

LOS CACHORROS

Los osos se han apareado en verano, pero los oseznos no empiezan a formarse en el vientre de la madre hasta bien entrado el otoño. El embarazo durará dos meses.

Las crías de oso nacen ciegas y prácticamente sin pelo. Durante los primeros meses de vida, los oseznos lucen un collar de pelo blanco alrededor del cuello. ¡Parecen un muñeco de peluche!

Madre y cachorros pasan los primeros meses de vida en la madriguera, donde ella los calienta y amamanta. Entre los 3 y los 5 años ya serán adultos y podrán empezar a aparearse.

¡Parece mentira!

Si un macho en celo encuentra a una hembra con crías, es capaz de echarlas para hacer que la hembra quiera aparearse con él.

LA MUDA

16

El oso, igual que todos los mamíferos, muda el pelo una vez al año. Durante los meses de junio y julio, coincidiendo con la época más calurosa, podemos ver al oso un tanto despeinado... Le está cayendo parte del pelaje, y tiene el cuerpo lleno de claros. ¡Ahora sí que está feúcho!

El nuevo pelaje saldrá con fuerza y el oso estará listo para empezar el período de sueño invernal.

¡Soy un lince!

¿Qué crees que hará el oso para que le caiga el pelo viejo?

Llega el invierno y empieza a hacer frío. El oso busca una cueva natural donde pasar la época más helada del año. El bosque está lleno de ramitas de brezo, helechos y yerba, ideales para construirse un lecho y dormir bien cómodo. Pero, a veces, si el oso no encuentra una cueva natural, se construye una madriguera escarbando la tierra con sus garras.

Siempre que no se le moleste, el oso pardo volverá, año tras año, a la misma cueva para pasar allí el invierno.

¡Parece mentira!

¡Un oso hambriento puede llegar a caminar 40 km en una noche para encontrar comida!

19

MI PARENTELA

En el planeta Tierra viven 8 especies de osos repartidas en tres continentes. Los encontramos en el polo norte, en las selvas tropicales de América del Sur o del sur de Asia, y también en los bosques europeos de hoja caduca o en los de bambú, en China.

Oso polar (océano Ártico, Noruega).

Dos de las especies más conocidas son el oso panda, muy amenazado de extinción, y el oso polar, el más grande de todos, ya que puede llegar a los tres metros de largo y a los 800 kg de peso.

Oso panda (China).

20

a

b

c

Oso bezudo.

Oso tibetano.

Oso malayo.

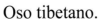

21

EN PELIGRO DE EXTINCIÓN

En Europa quedan muy pocos osos pardos. Por eso decimos que el oso pardo, el señor del bosque, está en peligro de extinción.

Sus principales amenazas son la destrucción de los bosques, la construcción de casas y pistas de esquí en la alta montaña, y la caza furtiva. Los espacios que puede ocupar este gran rey del bosque son cada vez más pequeños y están llenos de peligros.

Para salvaguardar la especie, muchos países han puesto en marcha proyectos de conservación e incluso de reintroducción del oso allí donde ha estado a punto de desaparecer.

Solucionario

p. 3: c) Ambos pasan el invierno durmiendo.

p. 7: La hembra es el ejemplar b.

p. 11: c) 50 kg.

p. 13: c) El oso que se frota la espalda contra un árbol.

p. 17: b) Frotarse la espalda contra los troncos de los árboles.

p. 21: a) El oso bezudo.